# FUSIL ROBERTS

EXPOSÉ DU SYSTÈME DU **GÉNÉRAL ROBERTS.**

EXTRAITS DES RAPPORTS OFFICIELS. — COMMANDES PAR LES GOUVERNEMENTS DE LA FRANCE ET DU BRÉSIL

PAR THOMAS BALCH

PARIS
LEGRAS, LIBRAIRE-ÉDITEUR
27, BOULEVARD DES CAPUCINES

1868

# FUSIL ROBERTS

# FUSIL ROBERTS

EXPOSE DU SYSTÈME DU **GÉNÉRAL ROBERTS.**

EXTRAITS DES RAPPORTS OFFICIELS. — COMMANDES PAR LES GOUVERNEMENTS DE LA FRANCE ET DU BRÉSIL.

PAR THOMAS BALCH

PARIS
LEGRAS, LIBRAIRE-ÉDITEUR
27, BOULEVARD DES CAPUCINES

1868

# FUSIL ROBERTS

---

Le mot ORDNANCE est employé dans la brochure, parce qu'il existe, dans l'organisation militaire des États-Unis un corps spécial qui s'appelle l'*Ordnance*, qui a son chef, ses officiers de divers grades, et à Washington un bureau, dont le général Dyer est le chef.

---

L'attention publique, non-seulement en France, mais dans toute l'Europe, est en ce moment dirigée vers la fabrication des armes de guerre, et l'on est particulièrement préoccupé de la substitution des armes qui se chargent par la culasse aux fusils de l'ancien modèle. Mais la fabrication de nouveaux fusils ne peut marcher d'un pas assez rapide pour qu'on soit assuré d'en posséder un nombre suffisant en temps utile, et, d'autre part, on ne pouvait songer sans regret à l'énorme quantité de fusils de l'ancien modèle qui seraient devenus inutiles, si l'on n'eût trouvé le moyen de les transformer en armes se chargeant par la culasse.

C'est ainsi que le président des États-Unis, dans son message de 1867, disait : « Nous avons fait convertir un grand nombre de fusils Springfield (fusil semblable au fusil français, modèle 1857) en fusils se chargeant par la culasse. Cette transformation, qui permet d'employer notre ancien matériel, est peu dispendieuse et peut être promptement exécutée avec des avantages que serait loin d'offrir l'adoption d'un nouvel armement, qui, quelque parfait qu'il pût paraître au moment de sa mise en service, ne saurait manquer d'être bientôt constitué en état d'infériorité par une plus récente invention. »

Et, plus loin, le message ajoute que cette opération, qui préserve les intérêts des finances et permet d'attendre le dernier mot de l'art et de l'invention, constitue néanmoins « un armement capable de lutter avec les meilleurs systèmes adoptés jusqu'à ce jour ».

Nous pensons que telle doit être la règle de tout gouvernement sage : transformer le vieux matériel et le faire servir concurremment avec les armes neuves du système préféré, fusil Chassepot ou autre.

On a dû étudier, dans cette intention, bien des systèmes, empruntés pour la plupart aux États-Unis, où le génie de l'invention militaire a été singulièrement stimulé par les épreuves de la grande guerre civile. Parmi ces divers systèmes, celui qui porte le nom du général Roberts paraît le plus avantageux et surtout le plus facilement applicable aux immenses réserves de fusils de l'ancien modèle. Nous pensons donc que la description de cette arme ne sera pas sans intérêt pour nos lecteurs; mais il ne sera pas inutile de résumer auparavant l'histoire progressive des armes se chargeant par la culasse dans les États-Unis d'Amérique.

Les essais d'armes portatives à chargement par la culasse ont commencé aux États-Unis d'Amérique immédiatement après la guerre de 1812 avec l'Angleterre, et les mécaniciens américains ont produit dans ce genre une variété de systèmes qui dépasse de beaucoup, comme nombre, tout ce qui a été fait dans tous les autres pays ensemble. La première arme à chargement par la culasse mise en service dans les troupes par le département de l'artillerie fut la carabine de Hall, ou *Harpers-Ferry rifle*, une arme rustique, mais solide, à bascule et à chambre où se chargeaient la balle sphérique et la poudre, la chambre se remettant en place à la main. Cette arme n'avait pas d'obturateur, mais elle pouvait se charger et se tirer deux fois aussi vite que la carabine à chargement par la bouche, et il en résulta que dans les guerres contre les Indiens le grand avantage de cette rapidité du tir convainquit les officiers de cavalerie qu'une bonne carabine à chargement par la culasse et capable d'un tir très-rapide était de première importance pour les troupes à cheval. L'expérience commença par se faire au 1er régiment de dragons, des carabines de Hall ayant été distribuées à plusieurs compagnies de ce régiment. De ce jour commença une sorte de concours pour la construction des armes à chargement par la culasse, concours qui a produit pour résultat définitif l'adoption d'armes à chargement par la culasse pour toutes les troupes.

Pendant la guerre civile qui vient de se terminer en Amérique, le besoin de se procurer des armes fit mettre en réquisition tout atelier qui était capable de fabriquer un fusil ou même seulement quelqu'une de ses parties, et excita le génie mécanique du pays en appelant toute l'attention des mécaniciens sur le perfectionnement des petites armes. La guerre ne durait pas depuis trois ans, qu'il avait été déjà présenté au gouvernement plus de *quarante* systèmes de chargements par la culasse, tous présentant de certaines qualités; et, dans l'année qui suivit, plus de 30,000 bonnes carabines à chargement par la culasse étaient distribuées à la cavalerie du Nord. C'est grâce à cette circonstance que la cavalerie du Nord put commencer cette série de brillantes incursions, d'escarmouches, de combats et de batailles qui eurent tant d'influence sur les destinées du Sud, et valurent à la cavalerie du Nord une réputation que l'on n'a jamais gagnée avec des sabres et des éperons. Elle inspira à la cavalerie le sentiment qu'elle était invincible. Tout ce qui se chargeait par la culasse et se tirait rapidement était vivement recherché par la cavalerie, à ce point que dans la même compagnie l'inspecteur trouvait souvent jusqu'à *cinq* modèles différents d'armes à chargement par la culasse. Dans le nombre, il y avait des fusils à magasin (*repeating*), des revolvers, des fusils à un coup, tous ayant cependant des avantages tellement manifestes sur les armes à chargement par la bouche, qu'à la fin de la guerre celles-ci n'avaient plus un seul partisan dans l'armée. Mais déjà, avant que la preuve incontestable de la grande supériorité d'une arme à feu rapide eût été acquise par la pratique dans la cavalerie, plusieurs généraux de l'armée américaine pressaient le gouvernement d'adopter la carabine ou le fusil à chargement par la culasse pour l'armement de toutes les troupes à pied, chasseurs, tirailleurs, infanterie légère ou de ligne; et les mécaniciens du pays, appliquant le génie inventif des Américains à la recherche des meilleurs systèmes pour la construction d'armes sûres, solides, à tir rapide et à chargement par la culasse, eurent bientôt perfectionné un grand nombre d'excellents fusils.

Une autre question fut traitée parallèlement, et son importance se relie immédiatement à tout perfectionnement introduit dans les armes portatives. C'est la question de la cartouche; on peut dire qu'elle prime celle de l'arme, et que tant qu'on n'a pas une bonne cartouche il est inutile de s'occuper du fusil.

Deux systèmes se trouvèrent en présence : les cartouches métalliques et les cartouches en papier. Les partisans de ces dernières faisaient valoir la facilité de faire fabriquer en campagne, sur le champ de bataille même, la cartouche en papier, et enfin son bon marché. Ces deux avantages disparaissent complétement devant l'expérience. Quand il s'agit d'une cartouche portant son amorce, condition indispensable pour tout fusil à aiguille, les manipulations deviennent tellement nombreuses, tellement délicates, qu'il faut nécessairement s'adresser à des ateliers spéciaux et parfaitement exercés, et personne aujourd'hui ne songerait à faire exécuter en campagne par des ouvriers improvisés des cartouches Chassepot. La faible différence du prix de revient entre la cartouche en papier et la cartouche métallique disparaît bien vite devant la solidité de cette dernière. Le corps de l'*ordnance*, celui des quartiers-maîtres chargés du transport des munitions, ont été unanimes, dans la guerre civile américaine, pour proscrire au point de vue de l'économie la cartouche en papier et préconiser la cartouche métallique (1).

« Jamais, dit le colonel Benton, de l'*ordnance*, nous n'avons eu à démolir les cartouches métalliques, qui ont été réintégrées à l'arsenal de Washington ; toutes les cartouches en papier étaient hors de service. Or, combien le soldat use-t-il effectivement de cartouches en papier sur celles qui lui sont remises ? Un tiers peut-être échappe à la pluie, à l'eau des ruisseaux qu'il faut traverser, à l'habitude que tous les soldats ont de mettre les cartouches dans un mouchoir noué autour de leur corps. Toutes les cartouches métalliques, au contraire, sans autre exception que celles qui sont volontairement perdues ou gaspillées, reçoivent leur destination. »

Le secours de la mécanique vient en aide à l'exécution des cartouches métalliques et ajoute à leurs qua-

(1) L'auteur de cette brochure est tellement persuadé de la supériorité de la cartouche métallique, qu'il a proposé un système pour la fabrication et la transformation des fusils à verrou ou à aiguille.

lités primitives d'autres tout aussi précieuses. Des machines aussi admirables dans leurs résultats que simples dans leurs principes purent sans peine aucune donner jusqu'à 200,000 cartouches par jour parfaitement identiques de poids, de dimensions, et avec une poudre également pressée.

La solution de la question de la cartouche fut toutefois bien moins complexe que celle du fusil, et tandis que la cartouche métallique adoptée était construite mécaniquement à peu près d'après les mêmes principes dans toutes les machines proposées, on ne présenta pas moins de trente-six systèmes différents de fusils se chargeant par la culasse à la commission de New-York chargée par le gouvernement de décider la question en dernier ressort.

La commission commença par diviser les systèmes présentés en cinq classes, d'après l'analogie du mécanisme sur lequel chacun reposait.

La classe dite à enclume, *Breech-Lock*, fut déclarée préférable au point de vue de la solidité, de la simplicité et de la rapidité de la manœuvre, et, par conséquent, du feu.

Enfin, dans cette classe ce fut le fusil présenté par le général Roberts, de l'armée régulière des États-Unis, qui fut proclamé comme supérieur à ses rivaux.

Le général Roberts était inventeur de deux fusils; le directeur de l'*ordnance* à Washington l'invita à les porter à la manufacture de Springfield et à les soumettre au jugement du colonel Benton. Les expériences faites avec les deux systèmes sous les yeux du colonel Benton le conduisirent à donner la préférence au *lever gun*, et l'on transforma d'après ce système un nombre de fusils Springfield assez considérable pour juger de leur mérite, en tant qu'armes de guerre, par deux ans d'usage aux mains de soldats des États-Unis employés en service actif. Tel est le point auquel est parvenue en Amérique la question des armes à chargement par la culasse, en Amérique, où il a été produit un si grand nombre de bons systèmes, et où l'imagination et l'habileté des inventeurs ont été excitées pendant plusieurs années par l'entraînement d'une compétition ardente. C'est ce fusil Roberts que nous allons essayer de décrire.

Trois pièces unies sur des joints circulaires forment un levier très-court qui est attaché au fond du canon, et ce seul levier constitue tout le mécanisme des organes actifs de la culasse, — sauf un petit rétracteur qui est fixé à l'intérieur et à l'arrière de la chambre, et une aiguille qui produit l'inflammation de la cartouche.

Le levier se meut autour d'un cercle centré sur la prolongation de l'axe du canon et reçoit le recul sur un *shoulder* semi-circulaire et solide qui fait dériver la force de la réaction par quantité égale au-dessus et au-dessous du centre du canon, de manière à annuler toute tendance du levier, qui constitue le verrou, à être mis hors de place par la décharge du fusil.

Le fusil se manœuvre : 1° en élevant l'extrémité arrière du levier d'environ 8 degrés, ce qui fait plonger sa partie antérieure à travers la mortaise du canon, de façon à découvrir la chambre pour qu'elle reçoive la cartouche;

2° La cartouche est introduite;

3° Le fusil est alors armé et peut immédiatement faire feu, car le mouvement pour armer fait en même temps retomber le levier en place et ferme la chambre avec toute garantie de sécurité;

4° Le quatrième mouvement consiste à tirer la gâchette et fait partir le coup.

On voit donc que quatre mouvements courts, faciles et rapides suffisent pour charger et décharger le fusil Roberts. Mais ce qu'il y a peut-être de plus ingénieux dans ce système, c'est qu'après la décharge, le mouvement qui consiste à lever le levier de 8 degrés suffit pour rejeter à terre l'enveloppe de la cartouche vide; on la remplace par une autre cartouche, on arme, et le fusil se retrouve prêt à faire feu.

La cartouche vide est donc ainsi rejetée hors de la chambre, et celle-ci est toujours tenue dans l'état de propreté le plus complet par le seul et rapide mouvement qui soulève le levier. Il n'est jamais besoin de mettre la main pour retirer ou pour aider à sortir l'enveloppe de la cartouche qui vient d'être brûlée. Cette facilité à débarrasser la chambre de l'enveloppe de la cartouche vide est une conséquence de la forme légèrement conique, correspondant à une forme analogue de la chambre. C'est un trait distinctif du système Roberts. La chambre et la cartouche ont en effet toutes les deux une inclinaison conique du 6/100e de leur longueur, et, dans une chambre ainsi construite, aucune expansion des gaz n'est de force à faire éclater l'enveloppe de la cartouche et à empêcher que celle-ci ne soit facilement rejetée, après l'explosion, par le rétracteur, car il suffirait qu'elle fût ramenée en arrière seulement d'un centième de pouce pour qu'elle tombât d'elle-même à terre par le simple effet de son propre poids. Dans ce système, la difficulté d'extraire l'enveloppe de la cartouche consommée, difficulté commune à un si grand nombre de fusils à chargement par la culasse, est tout à fait nulle, et même il n'est jamais besoin de mettre la main à l'arme pour que l'extraction se fasse. C'est un point de grande importance.

La simplicité, la sécurité, la solidité et la rapidité du feu se trouvent combinées dans ce système. Son économie est un de ses principaux mérites, car le mécanisme de ce fusil s'adapte à la transformation de tous les anciens fusils à chargement par la bouche, *quel qu'en soit le calibre.* Pour cette transformation, l'ancien canon est coupé un peu au-dessus de la cheminée ; on y tourne vers l'arrière les filets d'une vis, et l'on attache, par ce procédé, les trois pièces qui composent le levier, lequel prend la place de ce que l'on a retranché. Cette insertion du nouveau système dans l'ancien fusil se pratique sans qu'il soit besoin d'enlever assez de bois à l'ancienne crosse pour qu'elle en soit affaiblie, et la chambre où brûle la poudre est renforcée par la solidité de son attache vissée.

On ne touche, on ne dérange ni vis, ni pièce de l'ancienne platine, et il n'est besoin ni de vis ni de goupilles pour fixer les nouvelles pièces à leur place. Elles s'assemblent sur les joints circulaires, et sont maintenues par l'aiguille qui produit la détonation de l'amorce et qui les parcourt latéralement dans toute leur longueur.

Les pièces d'attache, demandant beaucoup de force, sont aussi d'une grande solidité, de manière qu'aucune expansion des gaz, si fortes que soient les charges de poudre, ne peut ni les briser, ni les fausser, ni diminuer l'aisance avec laquelle se manœuvre le fusil. Toute la force du recul porte sur une large surface (*recoil plate*) qui s'appuie carrément sur la base de la cartouche, en perpendicularité parfaite sur la direction de l'expansion des gaz. Il ne se fait donc d'effort oblique sur aucun point du verrou ; le recul ne porte sur aucune vis ni sur aucune goupille, mais sur la masse solide du verrou, qui est lui-même d'une plus grande solidité et d'une plus grande force de métal que l'ancien tourillon qui fermait l'arrière du canon. Ce fusil ne peut donc exposer à aucun accident le soldat qui le tire, soit par la fuite des gaz, soit par la rupture du mécanisme. En tirant le même fusil aux expériences qui se sont faites à Washington en 1866, puis à Springfield, puis à Saint-Pétersbourg en Russie, puis à Vienne en Autriche, à Vincennes en France, et à Arau en Suisse, il n'est jamais arrivé aucun accident, quoique ce même fusil ait lui seul tiré plus de

8,000 coups, et nombre de fois avec deux ou trois balles et de fortes charges de poudre.

Ces détails expliquent suffisamment la faveur que le fusil Roberts a rencontrée en Amérique, où les généraux Terry (1), Pleasanton et beaucoup d'autres ont rendu à ses qualités le témoignage le plus explicite. « C'était chose nouvelle pour moi, écrit le général Terry, que de voir le fusil rayé de Springfield changé en arme à chargement par la culasse, capable de tirer seize coups par minute avec un remarquable degré de justesse. Si l'on m'avait dit que par un procédé de

(1) **Lettre adressée au major général B. S. ROBERTS de l'armée des États-Unis.**

New-Haven, 7 septembre 1866.

Mon cher Monsieur,

J'ai assisté avec autant de plaisir que d'admiration aux épreuves qui viennent d'être faites de vos armes.

La rapidité du tir et sa justesse m'ont surpris au delà de toute expression. C'était chose nouvelle pour moi de voir le fusil rayé de Springfield changé en arme à chargement par la culasse, capable de tirer seize coups par minute avec un remarquable degré de justesse ; cela cependant appartient à votre fusil.

Si l'on m'avait dit que par aucun procédé de transformation on pouvait atteindre à un pareil résultat, je ne l'aurais sans doute pas cru ; mais ayant assisté au tir de votre fusil, ayant pu calculer le temps qu'il employait, ayant été témoin oculaire des résultats qui ont été obtenus, non-seulement il ne m'est plus possible de conserver encore aucun doute, mais, de plus, je reste convaincu qu'en suivant votre système, toutes les armes à chargement par la bouche peuvent être converties en armes à chargement par la culasse et pourvues d'une

transformation on pouvait atteindre à un pareil résultat, je ne l'aurais pas cru. » C'est précisément cette œuvre de transformation qui importe le plus aux nations pourvues, comme elles le sont toutes, d'immenses réserves de fusils de l'ancien modèle, et la facilité de l'adaptation aux armes anciennes est aujourd'hui ce qu'il y a de plus à considérer dans le choix d'un nouveau système.

« En janvier 1867, le général Roberts, major général par brevet dans l'armée fédérale des États-Unis, présenta au gouvernement français un fusil se chargeant par la culasse (*breech loading*). Ce fusil fut tiré

puissance d'effets destructeurs qui doivent désormais jouer le premier rôle dans la destinée des batailles.

Antérieurement, j'avais vu employer en service les armes à chargement par la culasse d'Allen : on en avait distribué aux troupes qui agissaient sous mes ordres en Virginie, et il avait été fait des rapports très-favorables sur leurs qualités. J'en étais venu à les regarder comme étant les meilleures armes qu'on pût espérer de la transformation des anciens fusils réglementaires.

Aujourd'hui, cependant, je suis tout à fait convaincu que vos armes surpassent de beaucoup le fusil d'Allen aux divers points de vue de la solidité, de la simplicité, de la justesse et de la rapidité du feu.

Il me paraît que vous avez trouvé la perfection absolue pour la transformation de nos anciens fusils Springfield à chargement par la bouche en fusils à chargement par la culasse.

Alfred H. Terry,

Major général par brevet dans l'armée des États-Unis.

Le général Terry est le brillant officier général qui prit le fort Fischer en 1865, près de Wilmingtou, prise qui décida la reddition de cette dernière ville, qui était l'entrepôt le plus considérable de la contrebande que les Anglais faisaient avec les Confédérés.

plusieurs centaines de fois, et, de plus, éprouvé de toute manière, à Vincennes, dans le but de constater la solidité et la simplicité du mécanisme, la facilité et la promptitude du tir : il donna quatorze à seize coups par minute, *avec appui sur l'épaule.* On constata également la portée et la précision du tir. Après ces divers essais, le Ministre de la guerre, sur le rapport des généraux Lebœuf et de Bentzmann, résolut de s'en servir, et un marché fut passé, le 25 ou le 26 avril, avec le général Roberts pour l'acquisition de trente mille fusils avec des cartouches.

« Les fusils devaient être livrés le 1er août. Le général Roberts quitta Paris le lendemain de la signature pour se rendre en Amérique par Brest. A son arrivée à New-York le 8 mai, il reconnut que, par l'effet de circonstances imprévues, il ne pourrait remplir la condition de livrer le 1er août.

« Le gouvernement brésilien, après les essais faits aux États-Unis, essais auxquels avaient assisté le comte d'Eu avec une commission d'officiers brésiliens, donnait à *la Providence* un ordre pour la fabrication de fusils Roberts (1). »

Cet ordre est en partie déjà exécuté.

(1) *Liberté* du samedi 24 août 1867.

## Extrait du Rapport de la Commission (BOARD) de l'État de New-York chargée de l'étude des armes portatives à chargement par la culasse.

« Les fusils présentés au concours représentaient les meilleurs systèmes inventés, et la Commission est convaincue que toutes les méthodes praticables de chargement par la culasse au moyen d'une enclume (*block movement*) ont été déjà appliquées et que tous les efforts possibles à l'avenir dans cette direction se borneront à des modifications de détail ou de combinaisons. Dans le cours de deux sessions de la Commission, trente-six systèmes distincts ont été expérimentés, sept autres ont été examinés, et, attendu que ces divers systèmes comprenaient tous les principes généraux qui ont été appliqués dans ce pays ou à l'étranger, la Commission croit pouvoir exprimer en toute confiance l'opinion qu'aucun perfectionnement radical des systèmes actuels n'est probable, et que les progrès à venir doivent se faire dans le sens du perfectionnement des munitions, ou par l'abandon complet des systèmes actuels et la substitution à ceux-ci d'armes de guerre entièrement nouvelles. La guerre que nous avons faite récemment nous-mêmes et celle qui s'est faite en dernier lieu en Europe ont stimulé et dirigé dans ce sens le génie d'invention des deux continents, et ont produit par suite un rapide développement du progrès.

« Dans l'étude que nous avons faite de chacune des cinq classes entre lesquelles ont été divisés les fusils à chargement par la culasse, nous avons à signaler :

« Des fusils de la troisième classe, c'est-à-dire à enclume (*breech block*) mobile sur un essieu ou sur un pivot placé à son extrémité arrière, et venant prendre place dans l'espace libre réservé à l'arrière de la chambre pour l'introduction de la cartouche. Le seul fusil de cette classe qui nous ait été présenté à cette session était le fusil Roberts, lequel avait été grandement amélioré depuis la session antérieure. L'enclume (le *breech block*) et ses appendices s'enlèvent avec facilité sans qu'il soit besoin de démonter toute l'arme, comme c'était le cas précédemment, et un ressort attaché au percuteur (*firing pin*) le force à rentrer lorsqu'il n'est pas chassé par le chien. Le plan de l'enclume, lorsqu'on l'abaisse pour l'introduction de la cartouche, peut descendre jusqu'à venir en contact avec le manche de la crosse (*handle of the stock*). La solidité et la sûreté de cette arme, la facilité avec laquelle elle se manie, les avantages qu'elle présente pour la rapidité du tir, sont des qualités qui lui sont reconnues par l'unanimité de la Commission. Les garanties de sécurité que présente l'enclume soit contre une explosion imprévue, soit contre l'éclatement d'une cartouche défectueuse, sont indubitables. L'arrachement des douilles de cartouches tirées se fait sans l'aide d'aucun ressort spécial, la disposition du plan incliné de l'enclume suffisant à opérer l'arrachement. Les fusils construits sur les premiers modèles de ce système et capables de se prêter à toutes les exigences de la transformation, ainsi qu'il a été démontré par l'expérience, seraient aussi capables de recevoir d'autres perfectionnements importants. En somme, on peut dire que les fusils de cette classe sont, grâce au système particulier de la culasse, éminemment sûrs et durables et capables d'une rapidité de tir suffisante. L'objection qui leur serait opposée, parce qu'ils ne sont pas à inflammation centrale, a été suffisamment réfutée par l'heureux résultat des expériences qui ont été faites. »

---

## DÉCISION.

Résolu qu'à la suite d'études et d'expériences longues, continues et faites avec soin, et qu'en considération des qualités réunies de solidité, de durée, d'efficacité et d'économie que présente ce système, la Commission regarde que le système de transformation des fusils à chargement par la bouche en fusils à chargement par la culasse, proposé par le général Roberts, est supérieur à tous ceux qu'elle a examinés, et elle recommande que toutes les armes à chargement par la bouche que possède l'État de New-York soient transformées en fusils à chargement par la culasse suivant le système Roberts.

Certifié l'exactitude de l'extrait ci-dessus du rapport de la Commission.

*Signé :* Silas W. BURT,

Colonel et inspecteur général adjoint,
secrétaire de la Commission.

---

## ÉTAT DE NEW-YORK.

### VILLE ET COMTÉ DE NEW-YORK.

Qu'il soit fait savoir par la présente que moi, Harvey Hart, notaire public de l'État de New-York pour le comté de New-York, dûment commissionné comme tel par l'autorité exécutive, et assermenté, je certifie par la présente que j'ai comparé la copie ci-dessus avec l'extrait original du rapport présenté par la

Commission de l'État de New-York chargée de l'étude des armes portatives à chargement par la culasse, extrait fait et certifié par Silas W. Burt, colonel et inspecteur général adjoint, comme il est dit ci-dessus, et que cette copie est une reproduction exacte et vraie dudit original tel qu'il se comporte dans chacune de ses parties.

En foi de quoi j'ai apposé ma signature et le sceau de ma charge ce douzième jour de mars mil huit cent soixante-huit.

W. HARVEY HART,

Notaire public (comté de New-York).

---

Paris, 9 avril 1868.

La présente est pour certifier que *la Providence Tool Company* possède de vastes ateliers en Amérique, qu'elle est pourvue de toutes les machines et outils nécessaires à la transformation des fusils en fusils à chargement par la culasse du système du général Roberts, et aussi que ladite Compagnie est en condition d'exécuter ces transformations en nombre très-considérable, et qu'il s'agisse d'inflammation annulaire ou centrale, et encore que cette Compagnie a déjà transformé neuf mille fusils dits de Springfield en fusils à chargement par la culasse du système du général Roberts pour le compte du gouvernement du Brésil.

*Signé* JOHN B. ANTHONY,
Directeur de *la Providence Tool C°*,
Rhode-Island — États-Unis d'Amérique.

*S'adresser à M. Charles W. MAY*,
31, rue du Château-d'Eau,
PARIS.

5623 — Paris, imprimerie JOUAUST, 338, rue Saint-Honoré.

www.ingramcontent.com/pod-product-compliance
Ingram Content Group UK Ltd.
Pitfield, Milton Keynes, MK11 3LW, UK
UKHW020449220726
13923UKWH00005B/2438

9 782019 222963